国学经典 | 典藏版

四十二章经

〔东汉〕迦叶摩腾　竺法兰　译
胡永辉　注译

中州古籍出版社
·郑州·

图书在版编目(CIP)数据

四十二章经 /（东汉）迦叶摩腾，竺法兰译；胡永辉注译. — 郑州：中州古籍出版社，2023.11
（国学经典：典藏版）
ISBN 978-7-5738-1020-5

Ⅰ.①四… Ⅱ.①迦…②胡… Ⅲ.①佛经-注释②佛经-译文 Ⅳ.① B942

中国国家版本馆 CIP 数据核字（2023）第 212676 号

SISHI'ER ZHANG JING
四十二章经

出 版 人	许绍山
策划编辑	刘 晓
责任编辑	刘 晓
责任校对	岳秀霞
美术编辑	曾晶晶

出 版 社	中州古籍出版社（地址：郑州市郑东新区祥盛街 27 号 6 层 邮编：450016 电话：0371-65723280）
发行单位	河南省新华书店发行集团有限公司
承印单位	郑州印之星印务有限公司
开 本	640 mm × 960 mm 1/16
印 张	6.5
字 数	85 千字
印 数	1—4000 册
版 次	2023 年 11 月第 1 版
印 次	2023 年 11 月第 1 次印刷
定 价	32.00 元

本书如有印装质量问题，请联系出版社调换。

前言

《四十二章经》，也称《佛说四十二章经》，共一卷，相传该经为传入中土的第一部佛经。《四十二章经》是从众经中撮要精选出的佛陀语录，每个章节短者二十余字，长者不过百余字，内容微言大义，义摄三藏，包含了修习佛道的纲领，是了解佛学的梗概之书。为帮助读者更好地理解经文及注释，本部分将从经题、成书年代、译者、版本、思想内容、影响等方面择要做一背景性介绍。

一、经题

经题中，"四十二章"是因为全经共分为四十二章，故而得此名。经是相对于律藏、论藏而言的三藏之一，凡佛陀所亲说的教法都被称为"经"。该经最初并无"四十二章经"经题，南朝梁僧祐曾以《孝明皇帝四十二章》指称该经。现存版本中，最早的《高丽大藏经》本有"四十二章经"经题，后出的宋真宗注本、宋守遂注本两个版本，经题则变为"佛说四十二章经"。

记载《四十二章经》最早的经录是南朝梁释僧祐编著的《出三藏记集》，史称《祐录》，其中载有"《旧录》云，《孝明皇帝四十二章》，安法师所撰录阙此经"的语句。其中的"安法师"指东晋僧人释道安，他编纂的佛经目录被称为《道安录》；《旧录》指稍早于道安的支敏度所编纂的经录。作为当时学识颇具影响的高僧,释道安编纂佛经目录时独缺《四十二章经》,而隋费长房撰的《历代三宝纪》卷五中则记载"《四十二章经》一卷(第二出,与摩腾译者小异,文义允正,辞句可观。见别录)",提到该经有两个译本。这些疑问使得后世佛教学者围绕它的成书年代、译者、性质等问题产生了诸多争论。

二、成书年代

关于《四十二章经》的成书年代。梁启超曾撰写《〈四十二章经〉辨伪》一文,认为此经是中国人所撰,并非翻译自印度。他指出"作者必为南人,而非北人。其年代最早不过吴,最晚不过东晋。而其与汉明无关系,则可断言也"。并且,他认为撰写者要具备三个条件:(一)在大乘经典输入以后,而其人颇通大乘教理者。(二)深通老庄之学,怀抱调和释道思想者。(三)文学优美者。所以他认为,撰写者不能在汉代翻译家中寻找,只能向三国两晋的著作家中寻找。

吕澂在《中国佛学源流略讲》中指出,《四十二章经》"不是最初传来的经,更不是直接的译本",只不过是东晋初的一种经抄。从内容上看,有二十八章,即《四十二章经》的三分之二都能在《法句经》中找到类似的原文,所以吕澂认为《四十二章经》是抄自法救改订本《法句经》。为何断定此经是东晋初抄成的呢?吕澂的理由是:(一)此经最初见于东晋成帝时的《支敏度录》,所以应在此录之前。(二)在西晋惠帝时佛教、道教之间互相争论,王浮著有《老子化胡经》,说佛教是假造诸经,但未提到《四十二章经》的名字,可见当时尚无此经,否则王浮决不会目睹这一所谓初传佛典而不加以攻击。季羡林也认为《四十二章经》有一抄译本,他还进一步判断,这个大月氏的抄译本所依据的《法句经》,不可能是现存抄在于阗的犍陀罗语《法句经》。

汤用彤则在《〈四十二章经〉考证》一文中认为"后汉时已有此经，实无可疑"，提出该经汉晋之间有两个译本，"其一汉译，文极朴质，早已亡佚。其二吴支谦译，行文优美，因得流传"，而现存流行本为支谦译本。汤用彤还认为，梁启超之所以得出此经晚出的结论，是因为梁氏看到的是支谦译本并非汉译本。此外，他还指出，《道安录》没有收录这部经，只能说明道安未见到此经，并不能说明此经不存在。与汤用彤观点类似的是胡适，他在《〈四十二章经〉考》一文中也同意该经前后有二译，即汉译本和现存的支谦改译本。这一"经有两译"的观点也为大多数学者所接受。

三、译者

关于本经的译者，隋费长房《历代三宝纪》引用南朝梁宝唱的说法，称该经"是竺法兰译"。南朝梁僧祐《出三藏记集》卷二则记载该经为竺摩腾所译。南朝梁慧皎《高僧传》卷一《摄摩腾传》称该经为摄摩腾所译，《竺法兰传》则说此经是竺法兰译。现存三个版本（《高丽藏》本、宋真宗注本、宋守遂注本）的《四十二章经》均署名为迦叶摩腾、竺法兰共译。从这里可以看出，从南朝梁开始《四十二章经》的译者已无定说。

根据《高僧传》卷一的记载，迦叶摩腾，又称"摄摩腾"，中天竺人，善风仪，解大小乘经，常游化为任。东汉永平年间，汉明帝夜梦金人飞空而至，召集大臣询问所梦之事。学识渊博的大臣傅毅回答说："臣闻西域有神，其名曰'佛'，陛下所梦将必是乎。"于是，汉明帝遣派郎中蔡愔、博士弟子秦景等出使天竺，寻访佛法。后来，见到了摄摩腾并邀请他到汉地去。于是，他随使团一起来到洛阳，住在白马寺，这是汉地有沙门的开始。据僧传记载，在白马寺他译出《四十二章经》。竺法兰，同样也是中天竺人。自言诵经论数万章，为天竺学者之师。适逢蔡愔等人到天竺，竺法兰与摄摩腾共契游化，于是便随其来到汉地。相传他主要译有《十地断结经》《法海藏经》《佛本生经》《佛本行经》《四十二章经》五部经，前四部因世乱均未见传本，仅有《四十二章经》今存世。《四十二章经》由此被称为"汉地见存诸经，唯此为始也"。据僧传记载，竺法兰卒于洛阳，春秋六十余。

四、版本

关于该经的版本，现存《四十二章经》主要有三个重要版本：《高丽藏》本、宋真宗注本、宋守遂注本。其他各藏经收录的《四十二章经》均属这三个版本系统。这三个版本中，《高丽藏》本最早，宋真宗注本为过渡版本，流通最广且改动最多的是宋守遂注本。《高丽藏》本是宋代第一部官刻大藏经《开宝藏》的复刻本，同属这个系统的《四十二章经》，是收录在宋《资福藏》《碛砂藏》、元《普宁藏》中的版本。宋真宗注本最早收录《永乐南藏》宋真宗注本，清《乾隆大藏经》所藏也为此版本。宋守遂注本，由明了童补注，这个版本在近代以前并未被收录在大藏经里，后被收于《卍续藏》。

以上这三个版本的《四十二章经》从文字到思想内容具有一定的差异性，主要体现在以下两个方面。

其一，经文的删增。如《高丽藏》本第六章有"以恶来，以善往"二句，宋真宗注本与《高丽藏》本一致，而宋守遂注本第七章则删除此句。再如，《高丽藏》本第十章有"天下有五难"，而宋守遂注本第十二章和宋真宗注本第十章均把"五难"增改为"二十难"。内容上，宋守遂注本则在《高丽藏》本"贫穷布施难，豪贵学道难，制命不死难，得睹佛经难，生值佛世难"等五难基础上，增加了"忍色忍欲难，见好不求难，被辱不瞋难，有势不临难，触事无心难，广学博究难，除灭我慢难，不轻未学难，心行平等难，不说是非难，会善知识难，见性学道难，随化度人难，睹境不动难，善解方便难"。宋真宗注本与宋守遂注本亦不完全相同。《高丽藏》本与宋真宗注本均有一章，内容为"佛言：人为道亦苦，不为道亦苦。惟人自生至老，自老至病，自病至死，其苦无量。心恼积罪，生死不息，其苦难说"。而宋守遂注本则完全删除了本章。诸如此类经文的增删改动在《四十二章经》三个版本的流变中比较常见。

其二，思想的流变。《四十二章经》的经文多互见于阿含部经典。随举几例，如第六、第七章见《杂阿含经》卷四十二，第十七章见《杂阿含经》卷三十四，第二十四章见《中阿含经》卷三十四，第二十六章见《杂阿含经》卷四十三，第三十章见《增一阿含经》卷二十五，第三十三章见《杂阿含经》卷九，等等。可见此经并非出自汉人伪造，且内容原属小乘佛教。现存最早的《高丽藏》本《四十二章经》主要论述"四谛""八正道""十二因缘""五蕴""四禅""善恶因果报应""生死轮回"等小乘佛教的基本教义。到了晚出的宋真宗注本、宋守遂注本，则逐渐加入了大乘佛教思想尤其是禅宗教义，如"识心达本""识自心源""见性学道""无念、无住、无修、无证"等内容。

五、思想内容

从流传最广的宋守遂注本《四十二章经》内容来看，大意主要在教导修习佛法之人应该绝欲体空，止恶向善，精进修行，由修布施、持戒、禅定而生智慧，即得证四沙门果。

具体来说，经序，也称序分，主要是交代讲授此经的地点、提问者、讲授者和听众等内容。佛经的内容一般包括"序分""正宗分""流通分"。

此经的《高丽藏》本、宋守遂注本均无"流通分"，宋真宗注本则有"流通分"，主要描述经文的功德及听众的欢喜赞叹等内容。除"序分""流通分"外的其余各章就是"正宗分"，《四十二章经》的

"正宗分"按内容可归类为证果与修道、善恶因果报应、六度、信解行证等四个方面。

论述"证果与修道"的章节包括第一章《出家证果》、第二章《断欲绝朕》、第三章《割爱去贪》、第十五章《请问力明》、第十六章《舍爱得道》、第十七章《明来暗谢》、第三十五章《垢净明存》、第三十六章《展转获胜》、第三十七章《念戒近道》。

论述"善恶因果报应"的章节包括第四章《善恶并明》、第五章《转重令轻》、第六章《忍恶无瞋》、第七章《恶还本身》、第八章《尘唾自污》。

论述"六度"的章节包括第九章《返本会道》、第十章《喜施获福》、第十一章《施饭转胜》、第十二章《举难劝修》、第十三章《问道宿命》、第十四章《请问善大》、第十八章《念等本空》、第十九章《假真并观》、第二十章《推我本空》、第二十一章《名声丧本》、第二十二章《财色招苦》、第二十三章《妻子甚狱》、第二十四章《色欲障道》、第二十五章《欲火烧身》、第二十六章《天魔娆佛》、第二十七章《无着得道》、第二十八章《意马莫纵》、第二十九章《正观敌色》、第三十章《欲火远离》、第三十一章《心寂欲除》、第三十二章《我空怖灭》、第三十三章《智明破魔》、第三十四章《处中得道》、第三十八章《生即有灭》。

论述"信解行证"的章节包括第三十九章《教诲无差》、第四十章《行道在心》、第四十一章《直心出欲》、第四十二章《达世知幻》。

六、影响

作为第一部传入中土的佛经,《四十二章经》的重要影响至少体现在以下两个方面。

其一,开启佛教中国化的进程。本经一般被认为是传入中国的第一部佛经。根据记载，南朝梁僧祐《出三藏记集》卷第二载："检阅三藏，访核遗源，古经现在，莫先于《四十二章》。"南朝梁慧皎《高僧传》卷第一载："汉地见存诸经，唯此为始也。"唐智昇《开元释教录》卷第一也认为："依录而编，即是汉地经法之祖也。"

两汉之际，佛教作为外来文化传入中土后，最主要的活动就是译经。汉代佛教译经的特点是对儒、道等中国传统思想观念的依附和对传统固有名词概念的借用，以便于人们容易理解和接受外来的佛教。比如，把"释迦牟尼"译为"能仁"，把"世尊"译为"众祐"，把"无我"译为"非身"，把"涅槃"译为"无为"。在《四十二章经》中出现了"解无为法""行道守真"之类的道家思想和"以礼从人"之类的儒家语言。此经的文体也模仿儒家经典《孝经》，隋费长房《历代三宝纪》曾引旧经录云："本是外国经抄，元出大部，撮要引俗，似此《孝经》——十八章。"自《四十二章经》开始，后来出现的汉译佛经，都不同程度地受到了中国儒道思想的影响。这前后三个版本《四十二章经》内容的变化，恰恰反映出佛教中国化的进程，成为佛教传入中土后对中国传统儒道思想吸收及与之融合的一个缩影。

其二，义摄三藏旨要，为历代注家所重视。近代太虚大师曾将这部经的特点概括为"一、辞最简驯，二、义最精富，三、胪者古真，四、传最平易"。本经虽然篇幅不长，但提纲挈领，义摄三藏，是了解佛学大要之书。因此，此经为历代注家所重视。宋代孤山智圆曾撰《注》和《正义》各一卷，仁岳撰《通源记》二卷和《科》一卷，可惜现已失传。现在存世的注本，除了上面提到的宋真宗注本、宋守遂注本，历代注本还有明代蕅益智旭《四十二章经解》一卷、清代道霈《四十二章经指南》一卷、清代续法《四十二章经疏钞》五卷、民国太虚《四十二章经讲录》一卷、丁福保《佛说四十二章经笺注》、圣严《四十二章经讲记》等。此外，还有日本僧人良定《四十二章经注》一卷、灵空《四十二章经解事义》一卷。《四十二章经》还被翻译成日文、英文，日译本如山上曹源译本、高岛宽我译本，分别被收录在日本《国译大藏经》经部第十一、《现代意译佛教圣典丛书》第六。1871年该经曾被翻译成英文，后有1906年铃木大拙英译本等。

本书选择流传最广的宋守遂注本作为注释底本，在注译过程中也尽可能使语言平实易懂。此外，本书将《高丽藏》本和宋真宗注本两个版本的《四十二章经》放在附录中，以便有兴趣的读者相互参校，拓展阅读。

最后需要指出的是，围绕《四十二章经》仍有诸多争议，囿于本人学识浅陋，书中疏误之处在所难免，敬祈读者批评指正。

胡永辉

2022 年 8 月

目录

经序 _____ 1
第一章　出家证果 _____ 3
第二章　断欲绝朕 _____ 6
第三章　割爱去贪 _____ 8
第四章　善恶并明 _____ 9
第五章　转重令轻 _____ 11
第六章　忍恶无瞋 _____ 13
第七章　恶还本身 _____ 14
第八章　尘唾自污 _____ 15
第九章　返本会道 _____ 16
第十章　喜施获福 _____ 17
第十一章　施饭转胜 _____ 18
第十二章　举难劝修 _____ 20
第十三章　问道宿命 _____ 22
第十四章　请问善大 _____ 23
第十五章　请问力明 _____ 24
第十六章　舍爱得道 _____ 26
第十七章　明来暗谢 _____ 27

第十八章	念等本空	28
第十九章	假真并观	30
第二十章	推我本空	31
第二十一章	名声丧本	32
第二十二章	财色招苦	33
第二十三章	妻子甚狱	34
第二十四章	色欲障道	35
第二十五章	欲火烧身	36
第二十六章	天魔娆佛	37
第二十七章	无着得道	38
第二十八章	意马莫纵	39
第二十九章	正观敌色	40
第三十章	欲火远离	41
第三十一章	心寂欲除	42
第三十二章	我空怖灭	44
第三十三章	智明破魔	45
第三十四章	处中得道	46
第三十五章	垢净明存	48
第三十六章	展转获胜	49
第三十七章	念戒近道	51
第三十八章	生即有灭	52
第三十九章	教诲无差	53
第四十章	行道在心	54
第四十一章	直心出欲	55
第四十二章	达世知幻	56

附录一 《高丽藏》本《四十二章经》 _____ 59

附录二　宋真宗注本《佛说四十二章经》 ———————— 72

参考文献 ———————————————————————— 85

后记 —————————————————————————— 87

经序

世尊①成道②已,作是思惟③:离欲④寂静⑤,是最为胜⑥;住大禅定⑦,降诸魔道。于鹿野苑⑧中,转四谛⑨法轮,度憍陈如⑩等五人,而证道果。复有比丘⑪,所说诸疑,求佛进止⑫。世尊教敕⑬,一一开悟,合掌敬喏,而顺尊敕。

[注释]

①世尊:如来十号之一,是人们对佛陀的尊称,意为世间最尊贵者。

②成道:意为得道成佛,指佛陀在菩提树下修道成佛。

③思惟:这里指正确的思考、推度,八正道之一。八正道,指正见、正思惟、正语、正业、正命、正精进、正念、正定。

④离欲:绝离执着的欲念。

⑤寂静:如如不动,无生无灭的境界。

⑥最为胜:最不可思议,最殊胜高妙。

⑦禅定:指令心专注于某一对象,而达到不散乱的境界。

⑧鹿野苑:为佛陀成道后初次讲法的地方,位于今印度瓦拉纳西市以北约六公里处。

⑨四谛:也称四圣谛,即苦谛、集谛、灭谛、道谛。苦谛,苦是佛教对于人生的基本判断,即人生有生、老、病、死、恩爱别离、求不得、怨憎会、忧悲等八苦,人生之所以苦是因为贪执所带来的烦恼。集谛,关于世间人生诸苦之生起及其根源之真谛。灭谛,若能灭息执着与贪爱,绝离苦之根本来源,

即可从相续不断的苦中解脱。道谛,离苦得乐的方法、途径,一般指为达到解脱境界而依之修行的八正道。"苦谛"与"集谛"表示迷妄世界之果与因,而"灭谛"与"道谛"表示证悟世界之果与因。

⑩憍陈如:意为初知。佛陀于鹿野苑初次说法所度的五比丘之一,是佛陀最初的弟子,其人宽仁博识,善能劝化,将养圣众,不失威仪,为教团中最长老,常居上座。佛陀出家之始,净饭王派遣憍陈如等五人侍其左右,后随佛陀出家修习苦行,因佛陀放弃苦行,五人离佛陀而去。佛陀成道后,五人返归佛陀身边并听闻佛法得度。

⑪比丘:佛教五众之一。指出家得度,受具足戒的男子。

⑫进止:进,指应当精进坚持的正确修行方法;止,指应当停止、舍弃的错误修行方法。这里指请求佛陀开示佛法。

⑬教敕:教诫与教训,这里指佛陀教大家如何正确地修习佛法,如何舍弃错误的修行方法。

[译文]

佛陀在菩提树下悟道以后,做这样的思考与推究:绝离执着的欲念,清静无为,是最殊胜高妙的;安住于寂静的大禅定境界,可以降服一切魔王外道。佛陀在鹿野苑初次讲法,开示苦谛、集谛、灭谛、道谛等四圣谛,使憍陈如等五弟子获得解脱,证得佛果。又有其他比丘说出他们在修行过程中遇到的诸多疑惑,请求佛陀教导他们如何正确地修行佛法,如何舍弃错误的修行方法。佛陀为诸比丘讲解了无上的佛法,诸比丘听后得以开悟,他们都双手合十,恭敬应诺,并按照佛陀的教导修习佛法。

第一章　出家证果

佛言①：辞亲出家，识心达本②，解无为法③，名曰沙门④。常行二百五十戒⑤，进止清净⑥，为四真道行⑦，成阿罗汉⑧。阿罗汉者，能飞行变化，旷劫⑨寿命，住动天地⑩。次为阿那含⑪。阿那含者，寿终灵神上十九天，证阿罗汉。次为斯陀含⑫。斯陀含者，一上一还，即得阿罗汉。次为须陀洹⑬。须陀洹者，七死七生，便证阿罗汉。爱欲断者，如四肢断，不复用之。

[注释]

①佛言：佛陀说。本经的体裁是语录体，每一章开篇类似儒家《论语》中的"子曰"。

②识心达本：识心，认识自己的本心，使心返归于清净无所执着的状态。达本，通达一切物质和精神现象的真实相。

③无为法：一切物质和精神现象都是因缘和合而成，依他而生，因此无自性，称之为"有为法"。无自性故其本性为空，这一空性不生不灭，不垢不净，不增不减，非依他所生，即无为法。

④沙门：指出家修行的人。在古印度，沙门并不专指佛教徒，凡出家修行者皆称之为沙门。这里特指依佛法出家修行的人。

⑤二百五十戒：指男性出家众所受持的二百五十条。

⑥清净：绝离因恶行而招致的烦恼。

⑦四真道行：四真，指苦、集、灭、道四谛。道行，又作道业，指佛道

之修行。意思是修行四圣谛法。

⑧阿罗汉：意为应供，指应断烦恼、应了生死、应受人天供养。阿罗汉是小乘佛教的最高果位，断一切烦恼，不再受生死轮回之苦，证后的功德应接受所有人天供养。大乘佛教中，阿罗汉不是最高的果位，最高果位是佛。佛有十种尊称，其一便是阿罗汉。因此，在大乘佛教中，佛可以是阿罗汉；在小乘佛教中，阿罗汉仅指阿罗汉。

⑨旷劫：旷，意为久远；劫，劫波，表示极长的时间单位。意为久远极长的时间。

⑩住动天地：本经现存最早的版本《高丽藏》本中，该句为"住寿命，动天地"。指阿罗汉安住之地，神祇都受他的感动、教化，无论他做什么，天地都为之震动。

⑪阿那含：意为不还。已断尽欲界九品之惑，不再来人间受生，可在天界证得阿罗汉果位的圣者。

⑫斯陀含：意为一来、一往来。指尚未断除欲界九品思惑中之后三品，故须一度生天界又再来人间受生一次，而后可证得阿罗汉果位。

⑬须陀洹：意为预流，为凡夫初入圣道之果位，又称为预流果。与阿罗汉、阿那含、斯陀含共称为"四沙门果"，即解脱的四阶段果位。

[译文]

佛陀说：辞别亲人、离开家庭的人，能够明心见性，认识自己的本心，使心返归于清净无所执着的状态，通达一切物质和精神现象的真实相，认识到无为法，这样的人才可以被称作出家修行的人。出家修行的人如果能受持奉行二百五十戒条，坚持正确的修行方法，舍弃错误的修行方法，绝离因恶行而招致的烦恼，勤修四圣谛，就可以成就阿罗汉果位。达到阿罗汉果位的修行者，能够任意飞行变化，能够无限延长自己的寿命，阿罗汉安住之地天神地祇都受他的感动、教化，无论他做什么，天地都为之震动。低于阿罗汉的果位是阿那含。证得阿那含果位的修行者，他的寿命结束以后，灵神便会上至第十九"无想天"，可证得阿罗汉果位。低于阿那含的果位是斯陀含。证得斯陀含果位的修行者，尚未断除欲界九品修惑中之后三品，故须一度生天界又再来人间受生一次，而后可证得阿罗汉果位。低于斯陀含的果位是须陀洹。证得须陀洹果位的修行者，须要经历七次生死，便能证得阿罗汉果位。绝离断灭贪爱欲望，就像斩断四肢之后，永不再用。

第二章　断欲绝朕

佛言：出家沙门者，断欲去爱①，识自心源②；达佛深理，悟无为法；内无所得③，外无所求④；心不系道⑤，亦不结业⑥；无念无作⑦，非修非证⑧；不历诸位⑨，而自崇最⑩，名之为道⑪。

[注释]

①断欲去爱：断除恶欲和不善不恶的无记欲，绝离贪爱。

②识自心源：心源，心为一切万有之根源，心的本然面目，即心性。意为认识自己的本心、心性。

③内无所得：体悟无相的真理，内心无所执着分别。与之相反，执着于一切物质和精神现象的差别之相，则称为"有所得"。

④无所求：求，指人们执着于一切物质和精神现象的实有，产生贪爱之求。解脱者通达一切物质和精神现象皆因缘和合而生，万物无自性故其本性是空，明了缘起性空的道理，便安心无所执着，称为无所求。

⑤心不系道：系，束缚。道，修习成佛之道。意为对修习成佛之道亦不能有所执着，如果执着修道成佛，反而是有所求的状态，心反而被束缚了。

⑥不结业：结，这里指烦恼。业，造作之义，指一切身心活动。意为不被烦恼所染，也不去造作种种业，达到无所执着境界。

⑦无念无作：无念，无迁流不息的妄念。无作，无所造作。意为一切物质和精神现象的体性是"空"，此真空法性恒常不变，不会因为妄念和造业而有所生灭增减。

⑧非修非证：修，修习佛法。证，证得佛果。这里指真空法性恒常不变，并非修证而来，对于修证佛果也不能有所执着。

⑨诸位：成就佛果过程中的各个阶位。

⑩崇最：崇，高妙。指最高妙无上的解脱境界。

⑪道：指真如本性、清净解脱的成佛境界。

[译文]

佛陀说：出家修习佛法者，断除恶欲和不善不恶的无记欲；绝离贪爱，认识自己的本心、心性。通达佛法深邃的真理，了悟真如佛性；体悟无相的真理，内心无所执着分别，明了缘起性空的道理，便安心无所执着。对修习成佛之道亦不能有所执着，如果执着修道成佛，反而是有所求的状态，心反而被束缚了；不被烦恼所染，也不去造作种种业，达到无所执着境界。体悟一切物质和精神现象的体性是"空"，此真空法性恒常不变，不会因为妄念和造业而有所生灭增减；恒常不变的真空法性，并非修证而来，对于修证佛果也不能有所执着。这样的修行者不用经历成就佛果过程中的各个阶位，自然达到最高妙无上的解脱境界，这就是通达真如本性、清净解脱的成佛境界。

第三章　割爱去贪

佛言：剃除须发，而为沙门。受道法①者，去世资财②，乞求③取足④。日中一食⑤，树下一宿⑥，慎勿再矣⑦。使人愚蔽者，爱与欲也。

[注释]

①受道法：受，受持。道，佛教修行的方法。意为受持佛教修行的方法。

②世资财：世间的物资财富。

③乞求：古印度出家修行之人托钵乞食维持生活。

④取足：出家修行之人所取，以够用为原则，否则有了储蓄就会产生无尽的烦恼。

⑤日中一食：一天只吃中午一餐。

⑥树下一宿：一棵树下只睡一宿，以免对树产生家的贪恋。

⑦慎勿再矣：慎，谨慎。再，再一次。意为不可产生想要再来一次的贪求。

[译文]

佛陀说：剃除胡须、头发，而成为出家修行的人。受持佛教修行方法的人，完全舍弃对世间物资财富的占有欲；出家修行之人托钵乞食维持生活，所取以够用为原则。一天只吃中午一餐，一棵树下只睡一宿，以免对树产生家的贪恋；不可产生想要再来一次的贪求。使人愚痴蒙蔽的是执着贪爱和欲望。

第四章　善恶并明

佛言：众生①以十事为善，亦以十事为恶。何等为十？身三、口四、意②三。身三者：杀、盗、淫。口四者：两舌③、恶口④、妄言⑤、绮语⑥。意三者：嫉⑦、恚⑧、痴⑨。如是十事，不顺圣道⑩，名十恶行。是恶若止，名十善行耳。

[注释]

①众生：译为"有情"。指包括人类在内的一切有情识的生物。

②意：三业之一。三业，指身业、口业、意业，即通过身、口、意三者所造作的行为及带来的后果。

③两舌：十恶业之一。指挑拨离间，搬弄是非。

④恶口：十恶业之一。指口出粗恶语言诋毁别人。

⑤妄言：十恶业之一。指以欺骗人为目的，说虚假的话。

⑥绮语：十恶业之一。指花言巧语，说华而不实之辞。

⑦嫉：十恶业之一。指对他人生起嫉妒之心。

⑧恚：十恶业之一。指怨恨、愤怒。

⑨痴：又作无明，十恶业之一，三毒之一。指愚痴、不明白事理。

⑩圣道：佛教修行之道，即八正道。

[译文]

佛陀说：包括人类在内的一切有情识的生物，其行为有十种是善事，有十种是恶事。这十种行为是什么呢？有关身体方面的有三种，有关语言方面的有四种，有关意识方面的有三种。有关身体方面的三种：杀生、偷盗、邪淫。有关语言方面的四种：挑拨离间，搬弄是非；口出粗恶语言诋毁别人；以欺骗人为目的，说虚假的话；花言巧语，说华而不实之辞。有关意识方面的三种：对他人生起嫉妒之心，怨恨、愤怒、愚痴、不明白事理。以上这十种行为，如果不符合佛教修行之道，就称之为十种恶行。如果能及时停止以上十种恶行，就是十善行。

第五章　转重令轻

佛言：人有众过①，而不自悔②，顿息③其心。罪来赴身④，如水归海⑤，渐成深广⑥。若人有过，自解知非⑦，改恶行善，罪自消灭。如病得汗，渐有瘥损⑧耳。

[注释]

①众过：众，意为多。指众多罪过。

②自悔：自己忏悔所造罪过。

③顿息：顿，随即、立即。息，停息。意为立即停息。

④罪来赴身：造成罪过的行为出现在自己身上。

⑤如水归海：就像众多河流的水最终流向大海。比喻小罪过如果不知悔改，就像河水流向大海，越积越多。

⑥渐成深广：逐渐形成深远广阔的大海。比喻积少成多，小罪过不知悔改而渐成大罪过。

⑦自解知非：自己了解并认识到自己的罪过。

⑧瘥损：瘥，病人恢复健康、痊愈。损，减少，这里指病人的病情减轻。意为病人病情减轻，恢复健康。比喻罪业逐渐消除，获得解脱。

[译文]

佛陀说：人们有众多的罪过，却不自己忏悔所造罪过，立即停息罪过之心。造成罪过的行为出现在自己身上，就像众多河流的水最终流向大海，逐渐形成深远广阔的大海。如果人们有了罪过，自已了解并认识到自己的罪过,停止恶行,一心行善,罪业就会自然消除。就如同病人伤寒而突然全身大汗,随之病情减轻,恢复健康。

第六章　忍恶无瞋

佛言：恶人闻善①，故来挠乱者；汝自禁息②，当无瞋责③。彼来恶者，而自恶之。

[注释]

①闻善：听闻善人在做善事。

②禁息：克制自己的情绪，心平气和。

③瞋责：怨恨、责备。

[译文]

佛陀说：恶人听闻善人在做善事，会故意来搅扰；你自己应克制自己的情绪，心平气和，不能有所怨恨、责备。这个来搅扰的恶人，他的行为是在给自己造作种种恶业，最终会得到因果报应。

第七章　恶还本身

佛言：有人闻吾守道①，行大仁慈②，故致骂佛。佛默不对。

骂止，问曰：子③以礼从人，其人不纳④，礼归子乎？对曰：归矣。

佛言：今子骂我，我今不纳；子自持祸⑤，归子身矣。犹响应声，影之随形，终无免离。慎勿为恶。

[注释]

①守道：受持佛道。

②大仁慈：指佛陀的无上大德。

③子：你。这里指辱骂佛陀的人。

④纳：接受。

⑤持祸：造作罪过。

[译文]

佛陀说：有人听闻我受持佛道，行无上大德，因此来辱骂我。我沉默不语，不予理睬。

等对方骂完，我问他：你送礼物给别人，如果别人不接受，礼物会归还你吗？对方回答：会归还。

佛陀接着说：现在你辱骂我，我不接受；你自己造作的罪过，将由你自身承受业报。业和果就像声和响，如影随形，始终不相分离。你要谨言慎行，不要造作恶业。

第八章　尘唾自污

佛言：恶人害贤者，犹仰天而唾①；唾不至天，还从己堕②。逆风扬尘，尘不至彼，还坌③己身。圣不可毁，祸必灭己。

[注释]

①唾：吐口水。

②堕：掉落。

③坌：读音 bèn，尘埃。

[译文]

佛陀说：恶人想要陷害贤良的人，就像往天上吐口水；口水没有吐到天上，还会掉落在自己脸上。就像逆风扬尘埃，尘埃不会撒到别人身上，风吹来的尘埃反而会撒在自己身上。圣贤人是不会受到恶人的祸害，恶人所造作的种种恶业必会给自己招来毁灭的报应。

第九章　返本会道

佛言：博闻^①爱道^②，道必难会。守志奉道，其道甚大。

[注释]

①博闻：博，广博。闻，听闻、了解。这里指广博地听闻、了解佛法。

②爱道：爱，爱慕、喜爱。这里指喜爱佛陀的圣道。

[译文]

佛陀说：广博地听闻、了解佛法，仅仅是喜爱佛陀的圣道，对于佛法必定不会产生深刻的体会和觉悟。坚守成佛解脱的志向，奉行佛教的修行之道，能得道证果，这是清净圆满的大成就。

第十章　喜施获福

佛言：睹人施道①，助之欢喜，得福②甚大。

沙门问曰：此福尽乎？

佛言：譬如一炬之火，数千百人各以炬来分取，熟食除冥③，此炬如故。福亦如之。

[注释]

①睹人施道：施，布施，指以福利施与人。布施有三种：财施，施人以财物；法施，宣说佛法使人止恶修善，趋向佛道；无畏施，令人远离恐惧、畏缩。意为看到他人布施。

②得福：得到福报。

③熟食除冥：熟食，这里指用火加热食物，使其成熟。除冥，这里指用火的光明除去黑暗。

[译文]

佛陀说：看到他人布施，如果能心生欢喜，就能得到很大的福报。

一出家修行的人问佛陀：如果随喜之人都有大福报，那岂不是把布施之人的福报分光了？

佛陀回答道：这就像有人拿了一把火炬，成百上千的人纷纷到这里引火，取回家用来煮饭、照明，这把火炬的光亮并不会因为有很多人来引火而有丝毫的减少。施舍的人所得的福报，不会受到随喜之人所得福报的影响，同此道理。

第十一章　施饭转胜

佛言：饭①恶人百，不如饭一善人。饭善人千，不如饭一持五戒者。饭五戒者万，不如饭一须陀洹。饭百万须陀洹，不如饭一斯陀含。饭千万斯陀含，不如饭一阿那含。饭一亿阿那含，不如饭一阿罗汉。饭十亿阿罗汉，不如饭一辟支佛②。饭百亿辟支佛，不如饭一三世诸佛③。饭千亿三世诸佛，不如饭一无念④、无住⑤、无修⑥、无证⑦之者。

[注释]

①饭：以饮食供养他人，这里泛指供养。

②辟支佛：意为缘觉、独觉，指无师而能自觉自悟的圣者。

③三世诸佛：指过去佛、现在佛、未来佛。过去佛指迦叶诸佛，现在佛指释迦牟尼佛，未来佛指弥勒诸佛。

④无念：无有妄念。

⑤无住：一切物质和精神现象都是因缘和合而生，因而是假有、无自性，心念不滞留在虚假的万法上、不执着于万法之妄相。

⑥无修：不执着于修行的方法、次第、过程。

⑦无证：虽然证得最高的果位也不执着于这个最高果位。

[译文]

佛陀说：供养一百位恶人，不如供养一位善人。供养一千位善人，不如供养一位受持五戒修习佛法的人。供养一万位受持五戒的修行人，不如供养一位已经证得须陁洹果位的圣人。供养一百万位证得须陁洹果位的圣人，不如供养一位证得斯陁含果位的圣人。供养一千万位证得斯陁含果位的圣人，不如供养一位证得阿那含果位的圣人。供养一亿位证得阿那含果位的圣人，不如供养一位证得阿罗汉果位的圣人。供养十亿位证得阿罗汉果位的圣人，不如供养一位无师而能自觉自悟的圣人。供养一百亿位无师而能自觉自悟的圣人，不如供养一位过去、现在、未来三世诸佛。供养一千亿位过去、现在、未来三世诸佛，不如供养一位无妄念，心念不滞留在虚假的万法上、不执着于万法之妄相，不执着于修行的方法、次第、过程，虽然证得最高的果位也不执着于这个最高果位的圣人。

第十二章　举难劝修

佛言：人有二十难。贫穷布施难，豪贵学道难，弃命必死难，得睹佛经难，生值佛世难，忍色忍欲①难，见好不求难，被辱不瞋难，有势不临②难，触事③无心难，广学博究难，除灭我慢④难，不轻⑤未学难，心行平等难，不说是非难，会善知识⑥难，见性⑦学道难，随化度人难，睹境不动难，善解方便⑧难。

[注释]

①忍色忍欲：忍，忍耐、控制。指忍耐、控制住男女之间的爱慕之情和对于物质的贪欲。

②有势不临：有了权势而不仗势欺人。

③触事：与外界接触。

④我慢：自高自大，轻视别人。

⑤不轻：不轻视。

⑥会善知识：见到有益于自己修习佛法，成就菩提之道的人。

⑦见性：认识自己的本然之性。

⑧善解方便：善于了解顺应众生的根机，巧妙施设教化众生。

[译文]

佛陀说：人世间有二十大困难之事。让贫穷之人布施是件困难的事，让有权势地位的人修习成佛之道是件困难的事，舍弃自己的生命去赴死是件困难的事，能有机会看到佛经是件困难的事，出生在这个世界上恰逢佛陀出世的时代是件困难的事，忍耐、控制住男女之间的爱慕之情和对物质的贪欲是件困难的事，遇到珍贵、美妙的东西不去想要占有它是件困难的事，遭受欺负和侮辱不动怨恨之心是件困难的事，有了权势而不仗势欺人是件困难的事，与外界接触而不动心不受影响是件困难的事，广泛学习、博览群书、深入研究是件困难的事，去除自高自大、轻视别人的习气是件困难的事，不轻视未学佛法之人是件困难的事，心中始终保持对待任何人都平等无差别的状态是件困难的事，不搬弄是非是件困难的事，见到有益于自己修习佛法、成就菩提之道的人是件困难的事，认识自己的本然之性、保持精进勇猛的学道之心是件困难的事，随缘教化、救度众生是件困难的事，目睹所遇到的外境不动心是件困难的事，善于了解顺应众生的根机、巧妙施设教化众生是件困难的事。

第十三章　问道宿命

沙门问佛：以何因缘①，得知宿命②，会其至道③？

佛言：净心守志④，可会至道。譬如磨镜，垢去明存⑤，断欲无求，当得宿命。

[注释]

①因缘：前缘相生，称之为因；现相助成，称之为缘。指事物产生和存在的主因和助缘。

②宿命：在佛教看来，众生在过去、未来皆有生命，轮回流转，称之为宿命。

③会其至道：会，体会。至道，高妙无上的解脱之道。指体会高妙无上的解脱之道。

④净心守志：内心不受外界所扰，持之以恒坚守修习佛法，成就菩提之道的志向。

⑤垢去明存：把镜子的灰垢擦干净，它的光明就会显露出来。

[译文]

一出家修行的人请教佛陀：什么样的原因和条件，可以知道自己过去和未来的命运，体会高妙无上的解脱之道呢？

佛陀回答道：内心不受外界所扰，持之以恒坚守修习佛法，成就菩提之道的志向，就可以体会高妙无上的解脱之道。这就好像打磨铜镜，把镜子的灰垢擦干净，它的光明就会显露出来，断灭欲求，无所执着，就可以得到宿命通。

第十四章 请问善大

沙门问佛：何者为善[1]？何者最大[2]？

佛言：行道守真[3]者善，志与道合[4]者大。

[注释]

[1]善：这里指最好的、无上的。

[2]最大：这里指最重要的、最伟大的。

[3]行道守真：修习成佛之道，持之以恒按照佛陀正法精进修行。

[4]志与道合：坚定成就解脱之道的志向，与高妙无上的成佛之道相合。

[译文]

一出家修行的人请教佛陀：什么是最好的、无上的？什么是最重要的、最伟大的？

佛陀回答道：修习成佛之道，持之以恒按照佛陀正法精进修行是最好的，坚定成就解脱之道的志向，与高妙无上的成佛之道相合是最重要的、最伟大的。

第十五章　请问力明

沙门问佛：何者多力①？何者最明②？

佛言：忍辱多力，不怀恶故，兼加安健③。忍者无恶，必为人尊④。心垢灭尽，净无瑕秽⑤，是为最明。未有天地，逮于今日⑥；十方所有，无有不见，无有不知，无有不闻，得一切智⑦。可谓明矣。

[注释]

①多力：最有力量的。

②最明：最光明的，最有智慧的。

③安健：健，强有力。指安详清净有力量。

④人尊：受人尊敬。

⑤瑕秽：瑕疵、污垢。这里指烦恼。

⑥逮于今日：一直到当下此刻。

⑦一切智：般若之智，成佛解脱而达到的境界，即佛智。

[译文]

一出家修行的人请教佛陀：什么是最有力量的？什么是最光明的、最有智慧的？

佛陀回答道：忍受各种侮辱而不生起瞋恨之心是最有力量的，由于不生起瞋恨之心，以慈悲之心对待侮辱自己的人，自己不但没有受到损害，而且身心会安详清净有力量。修忍辱行的人，忍受各种侮辱而不生起瞋恨之心，不去做恶事，必定受到人们的尊敬。内心的贪、瞋、痴、慢、疑等种种烦恼习气都消灭断尽了，内心清净无烦恼，是最光明的、最有智慧的。从没有天地之前，一直到现在；对于十方三世，一切空间、时间范围内的所有事物，都能看见、知晓、听到，这实际已经具备了般若之智，达到了成佛的解脱境界。这可以说是最光明的、最有智慧的。

第十六章　舍爱得道

佛言：人怀爱欲①，不见道者，譬如澄水②，致③手搅之，众人共临，无有睹其影者。人以爱欲交错，心中浊兴④，故不见道。汝等沙门，当舍爱欲；爱欲垢尽，道可见矣。

[注释]

①爱欲：贪爱与执着的欲望。

②澄水：澄清的水。

③致：集中力量。

④浊兴：水底浑浊染污的泥沙由于搅动而泛起，使水变得浑浊。这里指沉积在心底的烦恼泛起，使清净的本心变得污浊。

[译文]

佛陀说：人的心中有贪爱与执着的欲望，以致无法得见解脱圣道，这就像用手使劲搅动已经澄清的水，众人一起来看，没有一个人能看到自己的倒影。贪爱与执着的欲望在人心中交织，沉积在心底的烦恼泛起，使清净的本心变得污浊，因此无法得见解脱圣道。你们这些出家修行的人，应当舍弃贪爱与执着的欲望；贪爱与执着的欲望就像灰垢一样，如果能清除干净，解脱圣道就会得见。

第十七章　明来暗谢

佛言：夫见道者，譬如持炬，入冥室①中，其冥即灭，而明独存。学道见谛②，无明③即灭，而明④常存矣。

[注释]

①冥室：黑暗的房间。

②谛：真实不虚之理，分为真谛、俗谛。真谛，又称胜义谛、第一义谛，即出世间之真理。俗谛，又称世俗谛、世谛，即世间之真理。这里指真谛。

③无明：十二因缘之一，烦恼的别称。指无智、愚昧、不通达佛法真谛的状态，一般特指不理解佛法真谛的世俗认识。

④明：解脱的境界，具有通达佛法真谛的大智慧。

[译文]

佛陀说：已经得见解脱圣道的人，就像手持火炬，走入黑暗的房间，黑暗立刻消失，唯有火炬的光明存在。修习佛法圣道如果能了知佛法真实不虚的出世间之真理，烦恼就会同时断除，具有通达佛法真谛的大智慧就像光明一样恒常永存。

第十八章　念等本空

佛言：吾法念无念念①，行无行行②，言无言言③，修无修修④；会者⑤近尔，迷者远乎。言语道断⑥，非物所拘⑦，差之毫厘，失之须臾⑧。

[注释]

①念无念念："无念"即念，念即"无念"，绝离对"念""无念"的执着，超越两者之相，连"无念"之念同样也能不执着。

②行无行行："无行"即行，行即"无行"，绝离对"行""无行"的执着，超越两者之相，连"无行"之行同样也能不执着。

③言无言言："无言"即言，言即"无言"，绝离对"言""无言"的执着，超越两者之相，连"无言"之言同样也能不执着。

④修无修修："无修"即修，修即"无修"，绝离对"修""无修"的执着，超越两者之相，连"无修"之修同样也能不执着。

⑤会者：能够领会、理解的人。

⑥言语道断：断，阻碍、不能通达。指语言文字有局限性，会阻碍对于解脱圣道的领悟，因此无法用语言文字描述解脱的高妙境界和真如实相的真实义。

⑦非物所拘：拘，限制。解脱圣道超越一切事物，不会被具体的相状所限制。

⑧须臾：很短的时间，瞬间。

[译文]

佛陀说：我所说的高妙的解脱圣道是对于念、行、言、修都不能有所执着。"无念"即念，念即"无念"，绝离对"念""无念"的执着，超越两者之相，连"无念"之念同样也能不执着；"无行"即行，行即"无行"，绝离对"行""无行"的执着，超越两者之相，连"无行"之行同样也能不执着；"无言"即言，言即"无言"，绝离对"言""无言"的执着，超越两者之相，连"无言"之言同样也能不执着；"无修"即修，修即"无修"，绝离对"修""无修"的执着，超越两者之相，连"无修"之修同样也能不执着。能够领会、理解的人，离解脱就很近了；执迷不悟的人，就离解脱还很远。语言文字有局限性，会阻碍对于解脱圣道的领悟，因此无法用语言文字描述解脱的高妙境界和真如实相的真实义，解脱圣道超越一切事物，不会被具体的相状所限制，哪怕是毫厘之差，也会在瞬间脱离解脱圣道。

第十九章　假真并观

佛言：观天地，念非常①；观世界②，念非常；观灵觉③，即菩提④。如是知识，得道疾矣。

[注释]

①非常：不是恒常不变的。

②世界：世，是时间概念，迁流之义，包括过去、现在、未来三世。界，是空间概念，指方位，总称为十方，包括东、西、南、北、东南、西南、东北、西北、上、下。这里指一切时间、空间。

③灵觉：本心、觉性。

④菩提：道或觉。指通达、觉悟的圆满解脱境界。

[译文]

佛陀说：观察天地运行变化，要认识到天地并非恒常不变的；观察一切时间、空间，要认识到时间、空间也并非恒常不变的；观察自己的本心、觉性，要认识到自己的本心、觉性具足了通达、觉悟的圆满解脱境界。如果能这样知晓和认识天地、时间空间、本心觉性，就会很快证悟解脱圣境。

第二十章　推我本空

佛言：当念身中四大①，各自有名，都无我②者；我既都无，其如幻③耳。

[注释]

①四大：指地、水、火、风四种元素。人之身体由这四种元素和合而成。
②无我：又作非身、非我。指没有恒常不变、独立自存的实体。
③如幻：就像幻相一样，虽看似存在，却并非实有。

[译文]

佛陀说：应当认识到，人之身体由地、水、火、风四种元素和合而成，每个人虽有各自名字，但没有恒常不变、独立自存的实体；既然没有恒常不变、独立自存的实体之"我"，那么就像幻相一样，虽看似存在，却并非实有。

第二十一章　名声丧本

佛言：人随情欲，求于声名①；声名显著，身已故②矣。贪世常名③，而不学道，枉功劳形。譬如烧香，虽人闻香，香之烬矣；危身之火，而在其后。

[注释]

①声名：声望、名誉。

②故：死亡。

③常名：长久不变的名声。

[译文]

佛陀说：人们跟随世间的贪欲与执着，希望得到好的声望和名誉；等得到了显赫闻达的声望和名誉，生命也走到了尽头。贪图世俗的、长久不变的名声，不去修习佛法解脱圣道，到头来是枉费工夫，劳累身体。就好像烧香，虽然使人闻到香气，但香的形体却已化为灰烬；就像危害自身的烈火，在其后面。

第二十二章　财色招苦

佛言：财色①于人，人之不舍。譬如刀刃有蜜，不足一餐之美。小儿舐②之，则有割舌之患③。

[注释]

①财色：钱财与美色。

②舐：读音 shì。用舌舔。

③割舌之患：被割破舌头的危险，比喻钱财与美色对人的损害。

[译文]

佛陀说：人们对于钱财与美色，往往恋恋不舍。就好像锋利的刀刃上抹上蜂蜜，这一点蜂蜜不够一顿饭的量。小孩子用舌头舔食，则会带来被割破舌头的危险。

第二十三章　妻子甚狱

佛言：人系于¹妻子、舍宅，甚于牢狱，牢狱有散释²之期，妻子无远离之念³。情爱于色，岂惮驱驰⁴？虽有虎口之患，心存甘伏⁵。投泥自溺⁶，故曰凡夫；透得此门，出尘罗汉⁷。

[注释]

①系于：牵挂于。

②散释：消散、释放。

③远离之念：疏远、别离的想法。

④岂惮驱驰：怎会害怕辛苦奔波与操劳？

⑤甘伏：甘心承受。

⑥投泥自溺：陷入泥潭，无法摆脱。

⑦出尘罗汉：出离尘世、获得解脱的阿罗汉。

[译文]

佛陀说：人们牵挂于爱妻、子女、房舍与宅地，比牢狱之祸还要严重，牢狱尚有释放的日期，但是爱妻、子女却永不会离开心头。只要对于外在的事物有了情感与贪爱，就有了执着之心，怎会害怕辛苦奔波与操劳？虽然有落入虎口的凶险，但是内心也甘愿承受。就像陷入泥潭，无法摆脱，这就是世俗之人的境界；如果能突破这一关，超越世俗之人的境界，就能成为出离尘世、获得解脱的阿罗汉。

第二十四章　色欲障道

佛言：爱欲莫甚于色①，色之为欲，其大无外②。赖有一③矣，若使二同④，普天之人，无能为道者矣。

[注释]

①色：色欲，五欲之一。五欲，一说为色、声、香、味、触，能起人贪欲之心，故称欲；一说为财欲、色欲、饮食欲、名欲、睡眠欲。这里指男女之间因相互爱慕而产生的色欲。

②其大无外：巨大到不可能再有什么东西在其外。

③赖有一：幸亏仰赖仅仅只有一种欲望祸患巨大。

④若使二同：若使，假如、假使。这里指假使还有第二种与色欲一样危害巨大的欲望。

[译文]

佛陀说：执爱和贪欲中，祸患最大的是男女之间因相互爱慕而产生的色欲，色欲作为一种欲望，它的祸患大到不可能再有什么欲望与之相比。幸亏仰赖仅仅只有一种欲望祸患巨大，假使还有第二种与色欲一样危害巨大的欲望，那普天之下所有的人，估计没有人会修习解脱之道了。

第二十五章　欲火烧身

佛言：爱欲之人，犹如执炬①，逆风而行，必有烧手之患。

[注释]

①执炬：手持火把。

[译文]

佛陀说：沉迷于执爱和贪欲中的人，就像手持火把，在逆风中行走，必然会有烧到自己手的祸患。

第二十六章 天魔娆佛

天神献玉女①于佛，欲坏佛意②。

佛言：革囊众秽③，尔来何为？去！吾不用。

天神愈敬，因问道意④。佛为解说，即得须陁洹果⑤。

[注释]

①玉女：颜貌端正、色相具足、性情温柔的美女。

②欲坏佛意：想要破坏佛陀的道心。

③革囊众秽：指无论相貌美丑，人的身体就像个臭皮囊，装着各种污秽不净之物。

④道意：道心，求无上道之心、菩提心。

⑤须陁洹果：意为预流，为凡夫初入圣道之果位，又称为预流果。与阿罗汉果、阿那含果、斯陀含果共称为"四沙门果"，即解脱的四阶段果位。

[译文]

天神把颜貌端正，色相具足，性情温柔的美女献给佛陀，想要破坏佛陀的道心。

佛陀说：你们这些装着各种污秽不净之物的臭皮囊，来我这里做什么？你们赶快走吧！我不需要你们。

天神愈加敬重佛陀了，因而向佛陀请教如何发菩提心。佛陀为他宣说佛法，得此殊胜因缘，证得须陁洹果位。

第二十七章　无着得道

佛言：夫为道者，犹木在水，寻流而行，不触两岸，不为人取，不为鬼神所遮，不为洄流所住①，亦不腐败；吾保此木，决定入海。学道之人，不为情欲所惑，不为众邪所娆②，精进无为③；吾保此人，必得道矣。

[注释]

①住：安住，束缚。

②娆：烦忧，扰乱。

③精进无为：勤奋用功，顺应自然，心中无所执着。

[译文]

佛陀说：修习佛道的人，就像木头浮在水中，顺着河流向前漂行，不会碰触到两岸，在中途也不会被人拿走，不会被鬼神阻碍而停止，也不会被水流的漩涡束缚，它也不会腐烂败坏；我可以保证这根木头，最后一定会流到大海中去的。修习佛道的人，不被执爱和贪欲所迷惑，也不会被种种邪知邪见所扰乱，勤奋用功，顺应自然，心中无所执着；我可以保证此人，一定能证得解脱之道。

第二十八章　意马莫纵

佛言：慎勿信汝意，汝意不可信；慎勿与色会①，色会即祸生。得阿罗汉已，乃可信汝意。

[注释]

①与色会：与女色相会。

[译文]

佛陀说：要谨慎小心，不要相信你自己的意识，你自己的意识是不可信的；小心谨慎地不要与女色相会，与女色相会立刻带来无穷的祸患。如果你已得证阿罗汉果位，就可以信任你自己的意识了。

第二十九章　正观敌色

佛言：慎勿视女色①，亦莫共言语。若与语者，正心思念②：我为沙门，处于浊世，当如莲花，不为泥污。想其老者如母，长者如姊，少者如妹，稚者如子。生度脱心③，息灭恶念。

[注释]

①女色：指女人。

②正心思念：纯正自己的心念，端正自己的思想。

③生度脱心：生起救度她们，使她们脱离苦海的慈悲心。

[译文]

佛陀说：一定要谨慎小心，不要随便去看女人，也不要与她们交谈。如果是在必要的情况下必须与女人说话，一定要纯正自己的心念，端正自己的思想：作为一个出家修行的人，身处肮脏、浑浊的世间，应当像莲花一样，出淤泥而不为淤泥所染污。对于年老的女性把她想象成自己的母亲，对于年长的女性把她想象成自己的姐姐，对于年少的女性把她想象成自己的妹妹，对于年幼的女性把她想象成自己的女儿。生起救度她们，使她们脱离苦海的慈悲心，熄灭淫欲的邪念。

第三十章　欲火远离

佛言：夫为道者，如被①干草，火来须避。道人见欲②，必当远之。

[注释]

①被：同"披"，身披。

②见欲：见到引起情欲的境界时。

[译文]

佛陀说：修习佛道的人，就好像身披干燥易燃的枯草，大火到来必须躲避。修行之人见到引起情欲的境界时，必须远离它。

第三十一章　心寂欲除

佛言：有人患淫不止，欲自断阴。佛谓之曰：若断其阴，不如断心。心如功曹①，功曹若止，从者都息。邪心不止，断阴何益？

佛为说偈：欲生于汝意，意以思想生；二心②各寂静，非色亦非行③。

佛言：此偈是迦叶佛④说。

[注释]

①功曹：官职名，这里意为指挥官。

②二心：这里指对爱欲的思虑之心、想念之心。

③非色亦非行：色非色，色即是空，空即是色，意为假有和性空两者相即不离。同样的道理，行非行。

④迦叶佛：也叫饮光佛，释迦牟尼佛之前的过去七佛中的第六尊佛。

[译文]

佛陀说：有个人受到淫欲的祸患，却无法停止对淫欲的贪执，想要割断自己的男根。佛陀教化他说：假使割断自己的男根，不如断除内心对淫欲的贪执。心就像指挥官，指挥官若停止，他手下的人也就都会停止。如果你内心没有断除对于淫欲邪念的贪执，割断自己的男根有什么用处呢？

随后，佛陀为他宣说偈颂：贪欲是从你的意识中产生出来的，意识来自你对爱欲的思虑之心、想念之心；若是你对爱欲的思虑之心、想念之心都停息，心性复归清净，就会认识到假有和性空两者相即不离。

佛陀接着说：这个偈颂是在我之前的过去七佛中的第六尊佛迦叶佛所说。

第三十二章 我空怖灭

佛言：人从爱欲生忧，从忧生怖。若离于爱，何忧何怖？

[译文]

佛陀说：人由于贪爱和执着而产生忧虑，由于忧虑而产生了害怕失去的恐惧。如果绝离了贪爱和执着，有什么值得忧虑的？又有什么值得恐惧的？

第三十三章 智明破魔

佛言：夫为道者，譬如一人与万人战，挂铠①出门，意或怯弱②，或半路而退，或格斗而死，或得胜而还。沙门学道，应当坚持其心，精进勇锐，不畏境前，破灭众魔，而得道果。

[注释]

①挂铠：披挂铠甲。

②意或怯弱：意识上或许会感到胆怯懦弱。

[译文]

佛陀说：修行佛道的人，就好像一人与万人战斗，披挂铠甲冲出城门，意识上或许会感到胆怯懦弱，或许会半路后退，或许会拼命战斗而死去，或许会取胜而归。出家修行的人修习佛道，应当坚守护持求道的心，精进勇敢，锐意进取，不畏惧前面遇到的种种逆境，破除消灭种种邪魔外道的干扰，最终证得解脱之道。

第三十四章　处中得道

沙门夜诵迦叶佛《遗教经》①，其声悲紧，思悔欲退。

佛问之曰：汝昔在家，曾为何业？对曰：爱弹琴。

佛言：弦缓如何？对曰：不鸣矣。

弦急如何？对曰：声绝矣。

急缓得中如何？对曰：诸音普矣。

佛言：沙门学道亦然，心若调适，道可得矣。于道若暴②，暴即身疲；其身若疲，意即生恼；意若生恼，行即退矣；其行既退，罪必加矣。但清净安乐，道不失矣。

[注释]

①《遗教经》：佛临涅槃时，宣讲他对弟子的教诲，这种经被称为《遗教经》。

②于道若暴：暴，过于急躁。意为如果求证解脱之道过于急躁。

[译文]

一位出家修行的人在夜间诵读迦叶佛的《遗教经》，他诵经的声音悲苦、紧促，心中产生思虑并感到后悔，想要放弃对解脱之道的求证。

佛陀问他：你以前在家的时候，是做什么工作的？这位出家修行的人回答说：我喜欢弹琴。

佛陀又问他：如果琴弦调得太松会怎么样？这位出家修行的人回答说：琴不会发出声音。

如果琴弦调得太紧会怎么样？这位出家修行的人回答说：琴声断绝了。

如果把琴弦调得松紧合适会怎么样？这位出家修行的人回答说：各种音阶就会完整、准确，音色优美。

佛陀说：出家修行的人求证解脱之道也是这样的，身心若调适得松紧得当，就会顺利求证解脱之道。如果求证解脱之道过于急躁，则会身心疲惫；如果身心疲惫，则意识中就会产生诸多烦恼；如果意识中产生诸多烦恼，就会想要放弃对解脱之道的求证；如果放弃对解脱之道的求证，你的罪业必然增加。所以，使自己的心归于本性的清净、无上的安乐，道心就不会失去。

第三十五章　垢净明存

佛言：如人锻铁，去滓①成器，器即精好。学道之人，去心垢染，行即清净矣。

[注释]

①滓：铁器在锻造过程中，敲打出的杂质。

[译文]

佛陀说：就如同把铁放在火里烧，然后用锤子敲打去除杂质变成铁器，铁器就会精良、质量好。修习佛道的人，去除了心中的污垢，行为自然就会清净无为。

第三十六章　展转获胜

佛言：人离恶道①，得为人难。既得为人，去女即男难。既得为男，六根②完具难。六根既具，生中国③难。既生中国，值佛世难。既值佛世，遇道者难。既得遇道，兴信心难。既兴信心，发菩提心难。既发菩提心，无修无证④难。

[注释]

①恶道：三恶道，指地狱、饿鬼、畜生。

②六根：根，能生之义。六根指眼、耳、鼻、舌、身、意。眼是视根，耳是听根，鼻是嗅根，舌是味根，身是触根，意是念虑之根。后一句"六根既具"，《高丽藏》本、宋真宗注本皆为"六情"。

③中国：中华之国，仁义昭明，佛法流布，若非持戒修福，不得生此。

④无修无证：不执着于自己有所修证。如果有所执着，说明修行仍不圆满。如同佛陀从不说自己成佛，无修无证才是解脱的高妙境界。

[译文]

佛陀说：人想要离开地狱、饿鬼、畜生三恶道，成就人道是很困难的。即使是得为人道，想要成为男人而不是女人也非常困难。即使是成为男人，想要眼、耳、鼻、舌、身、意六根完好也很困难。即使是六根都完好，想要出生在中华之国也是非常困难的。即使是出生在中华之国，想要出生于恰逢佛陀在世的时代也是非常困难的。即使是出生于恰逢佛陀在世的时代，想要遇见具有正知、正见的大善知识、有道之人也是非常困难的。即使得以遇见有正知、正见的大善知识、有道之人，想要生起信心也是非常困难的。即使生起信心，想要发大乘菩萨心也是非常困难的。即使发大乘菩萨心，想要成就无修无证的解脱境界也是非常困难的。

第三十七章　念戒近道

佛言：佛子①离吾数千里，忆念吾戒②，必得道果。在吾左右，虽常见吾，不顺吾戒，终不得道。

[注释]

①佛子：佛陀的弟子。

②吾戒：这里指佛陀的戒法。

[译文]

佛陀说：佛弟子离我数千里远，只要能念念不忘牢记我的戒法，就一定能获得道果。即使是天天追随我左右，虽然经常见到我，但如果不能按照我的戒法奉行受持，终究还是不能得道。

第三十八章 生即有灭

佛问沙门：人命在几间①？对曰：数日间。佛言：子未闻道。

复问一沙门：人命在几间？对曰：饭食间。佛言：子未闻道。

复问一沙门：人命在几间？对曰：呼吸间。佛言：善哉，子知道矣。

[注释]

①几间：多长时间。

[译文]

佛陀问一个出家修行的人：人的生命有多长时间？这个出家修行的人回答：数天时间。佛陀说：你并不通达其中的道理。

佛陀又问另一个出家修行的人：人的生命有多长时间？这个出家修行的人回答：就一顿饭的时间。佛陀说：你并不通达其中的道理。

佛陀又问第三个出家修行的人：人的生命有多长时间？这个出家修行的人回答：也就是一呼一吸的时间。佛陀说：很好，你通达了其中的道理。

第三十九章　教诲无差

佛言：学佛道者，佛所言说，皆应信顺①。譬如食蜜，中边②皆甜，吾经亦尔③。

[注释]

①信顺：信受、奉行，依之修持。

②中边：中间和边缘。

③亦尔：尔，如此。意为同样也是如此。

[译文]

佛陀说：修习佛道的人，我对你们的所有言说，你们都要信受、奉行，依之修持。就好像品食蜂蜜，中间和边缘都是甜美的，记载我的佛经同样也是如此。

第四十章　行道在心

佛言：沙门行道，无如①磨牛②；身虽行道，心道③不行。心道若行，何用行道？

[注释]

①无如：无，不。意为不要像，避免。

②磨牛：拉着石磨团团转的牛。用以比喻愚鲁之人，徒为身劳，无所用心。

③心道：内在心性的修行之道。

[译文]

佛陀说：出家修行的人修习佛之道，不要像拉着石磨团团转的牛；即使是身体在行道，但是不重视内在心性的修行之道。如果注重内在心性的修行之道，哪里还需要外在形式上的修行之道呢？

第四十一章　直心出欲

佛言：夫为道者，如牛负重，行深泥中，疲极不敢左右顾视；出离淤泥，乃可苏息①。沙门当观情欲，甚于淤泥，直心②念道，可免苦矣。

[注释]

①苏息：这里指休息。

②直心：正直至诚之本心，没有丝毫的虚妄。

[译文]

佛陀说：作为修习佛道的人，就像一头牛背负沉重的货物，行走在很深的泥泞道路上，非常疲惫也不敢向左右周围看；走出了泥泞之路，才可以稍作休息。出家修行的人应当观照七情六欲、贪爱执着，这甚至比淤泥还要可怕，只有保持自己正直至诚的本心念道，才可免受痛苦。

第四十二章　达世知幻

佛言：吾视王侯之位，如过隙尘①。视金玉之宝，如瓦砾②。视纨素之服③，如弊帛④。视大千界⑤，如一诃子⑥。视阿耨池⑦水，如涂足油。视方便门，如化宝聚⑧。视无上乘⑨，如梦金帛。视佛道，如眼前花。视禅定，如须弥柱⑩。视涅槃⑪，如昼夕寐。视倒正⑫，如六龙舞。视平等，如一真地⑬。视兴化⑭，如四时木。

诸大比丘闻佛所说，欢喜奉行⑮。

[注释]

①过隙尘：在透过缝隙的光柱中飘浮的尘埃。比喻微不足道或稍纵即逝的事物。

②瓦砾：破碎的砖头瓦片。比喻无价值的东西。

③纨素之服：用洁白精致的细绢绸做成的衣服。

④弊帛：破烂陈旧的粗布。

⑤大千界：也称大千世界。古代印度人以四大洲及日月诸天为一小世界，合一千小世界为小千世界，合一千小千世界为中千世界，合一千中千世界为大千世界。小千、中千、大千并提，则称三千大千世界。

⑥一诃子：诃子，又作诃黎勒。指诃黎勒树结的一个药果，这里是用"大千世界"之大对比"一诃子"之小。

⑦阿耨池：即阿耨达池，意译为无热恼池、清凉池。为古传阎浮提四大河之发源地。位于大雪山北，香醉山南，周围有八百里，以金、银、琉璃、颇

梨等四宝装饰岸边，池中金沙弥漫，清波皎镜。有八地菩萨以愿力化成龙王，潜居其中，出清冷之水，以供给南赡部洲。

⑧化宝聚：一堆幻化的珍宝。

⑨无上乘：佛陀至高无上的教法，大乘的别名。

⑩须弥柱：指须弥山，意译作妙高山。原为印度神话中之山名，佛教之宇宙观沿用之，谓其为耸立于一小世界中央之高山。以此山为中心，周围有八山、八海环绕，而形成一世界（须弥世界）。这里用须弥山比喻极大之意。

⑪涅槃：又作泥洹等。意译作寂灭、灭度、灭等。指一切烦恼灾患永尽的境界，是佛教的最终目的与理想境界。

⑫倒正：倒，颠倒，凡夫的颠倒执迷。正，佛法的正见。指凡夫的颠倒执迷和佛法的正见。

⑬一真地：一，唯一、无二。真，真实不虚妄。指证悟唯一、真实不虚妄的无上解脱境界，即佛陀的境界。

⑭兴化：弘兴佛法，教化众生的因缘。

⑮欢喜奉行：欢喜，指受佛陀之道的教化而身心喜悦。奉行，遵奉、持行。意为受佛陀之道的教化而身心喜悦，并按照佛陀的教法修持。本段为"流通分"，通常作为佛经的结尾。《高丽藏》本、宋守遂注本均无本段，宋真宗注本经文末尾有"诸大比丘闻佛所说，欢喜奉行"一段，据此补。

[译文]

佛陀说：我看待世间王侯之尊位，就好像在透过缝隙的光柱中飘浮的尘埃。看待金玉珍宝，就好像破碎的砖头瓦片。看待用洁白精致的细绢绸做成的衣服，就好像破烂陈旧的粗布。看待大千世界，就好像诃黎勒树结的一个药果。看待用四种珍宝装饰两岸、金沙弥漫、清波皎镜的广阔清凉池水，就像涂在脚上的油。看待方便法门，就像一堆幻化的珍宝。看待至高无上的大乘教法，就像在梦中获得财宝锦帛。看待佛道，就好像眼前幻化出的花。看待禅定，就像须弥山一样稳定不动。看待一切烦恼灾患永尽的无上成佛境界，就像白天黑夜都是清醒的状态。看待凡夫的颠倒执迷和佛法的正见，就像六条龙在空中飞舞。看待众生的平等佛性，就像佛陀的境界。看待弘兴佛法，就像春夏秋冬经历四季的花草树木。

所有在座的出家修行的佛弟子听闻了佛陀所说，感到喜悦并愿意奉行。

附录一 《高丽藏》本《四十二章经》[1]

(后汉) 西域沙门迦叶摩腾共法兰 译

经序

昔汉孝明皇帝夜梦见神人,身体有金色,项有日光,飞在殿前,意中欣然,甚悦之。明日问群臣:此为何神也?有通人傅毅曰:臣闻天竺有得道者,号曰佛,轻举能飞,殆将其神也。于是上悟,即遣使者张骞、羽林中郎将秦景、博士弟子王遵等十二人至大月支国,写取佛经四十二章。在第十四石函中,登起立塔寺,于是道法流布,处处修立佛寺。远人伏化,愿为臣妾者,不可称数。国内清宁,含识之类,蒙恩受赖于今不绝也。

第一章

佛言:辞亲出家为道,名曰沙门。常行二百五十戒,为四真道

---

[1] 附录中所收的《高丽藏》本、宋真宗注本原文均无分章,为便于读者参校阅读,注译者参考宋守遂注本进行了分章。

行,进志清净,成阿罗汉。阿罗汉者,能飞行变化,住寿命,动天地。次为阿那含。阿那含者,寿终魂灵上十九天,于彼得阿罗汉。次为斯陁含。斯陁含者,一上一还,即得阿罗汉。次为须陁洹。须陁洹者,七死七生,便得阿罗汉。爱欲断者,譬如四支断,不复用之。

第二章

佛言:除须发,为沙门。受道法,去世资财,乞求取足。日中一食,树下一宿,慎不再矣。使人愚弊者,爱与欲也。

第三章

佛言:众生以十事为善,亦以十事为恶。身三、口四、意三。身三者:煞、盗、淫。口四者:两舌、恶骂、妄言、绮语。意三者:嫉、恚、痴。不信三尊,以邪为真。优婆塞行五事,不懈退,至十事,必得道也。

第四章

佛言:人有众过,而不自悔,顿止其心。罪来归身,犹水归海,自成深广矣。有恶知非,改过得善,罪日消灭,后会得道也。

第五章

佛言：人愚吾以为不善，吾以四等慈护济之；重以恶来者，吾重以善往，福德之气，常在此也；害气重殃，反在于彼。

第六章

有人闻佛道守大仁慈，以恶来，以善往，故来骂。佛默然不答，愍之痴冥狂愚使然。

骂止，问曰：子以礼从人，其人不纳，实礼如之乎？曰：持归。今子骂我，我亦不纳；子自持归，祸子身矣。犹响应声，影之追形，终无免离。慎为恶也！

第七章

佛言：恶人害贤者，犹仰天而唾；唾不污天，还污己身。逆风坌人，尘不污彼，还坌于身。贤者不毁，祸必灭己也。

第八章

佛言：夫人为道务博爱，博哀施，德莫大施。守志奉道，其福甚大；睹人施道，助之欢喜，亦得福报。

质曰：彼福不当减乎？

佛言：犹若炬火，数千百人各以炬来取其火去，熟食除冥，彼火如故。福亦如之。

第九章

佛言：饭凡人百，不如饭一善人。饭善人千，不如饭持五戒者一人。饭持五戒者万人，不如饭一须陀洹。饭须陀洹百万，不如饭一斯陀含。饭斯陀含千万，不如饭一阿那含。饭阿那含一亿，不如饭一阿罗汉。饭阿罗汉十亿，不如饭辟支佛一人。饭辟支佛百亿，不如以三尊之教度其一世二亲。教亲千亿，不如饭一佛。学愿求佛，欲济众生也。饭善人，福最深重。凡人事天地鬼神，不如孝其亲矣，二亲最神也。

第十章

佛言：天下有五难。贫穷布施难，豪贵学道难，制命不死难，得睹佛经难，生值佛世难。

第十一章

有沙门问佛：以何缘得道？奈何知宿命？

佛言：道无形，知之无益，要当守志行；譬如磨镜，垢去明存，即自见形，断欲守空，即见道真，知宿命矣。

第十二章

佛言：何者为善？唯行道善。何者最大？志与道合大。何者多力？忍辱最健。忍者无怨，必为人尊。何者最明？心垢除，恶行灭，内清净无瑕。未有天地，逮于今日，十方所有，未见之萌；得无不知、无不见、无不闻，得一切智，可谓明乎。

第十三章

佛言：人怀爱欲，不见道，譬如浊水，以五彩投其中，致力搅之，众人共临水上，无能睹其影者。爱欲交错，心中为浊，故不见道；水澄秽除，清净无垢，即自见形。猛火着釜下，中水踊跃，以布覆上，众生照临，亦无睹其影者。心中本有三毒涌沸在内，五盖覆外，终不见道。要心垢尽，乃知魂灵所从来，生死所趣向，诸佛国土道德所在耳。

第十四章

佛言：夫为道者，譬如持炬火，入冥室中，其冥即灭，而明犹在。学道见谛，愚痴都灭，得无不见。

第十五章

佛言：吾何念念道？吾何行行道？吾何言言道？吾念谛道，不忽须臾也。

第十六章

佛言：睹天地，念非常；睹山川，念非常；睹万物，形体丰炽，念非常。执心如此，得道疾矣。

第十七章

佛言：一日行常念道、行道，遂得信根，其福无量。

第十八章

佛言：熟自念身中四大，名自有名都为无，吾我者寄生，生亦不久，其事如幻耳。

第十九章

佛言：人随情欲求华名，譬如烧香，众人闻其香，然香以熏自烧；愚者贪流俗之名誉，不守道真，华名危己之祸，其悔在后时。

第二十章

佛言：财色之于人，譬如小儿贪刀刃之蜜，甜不足一食之美，然有截舌之患也。

第二十一章

佛言：人系于妻子、宝宅之患，甚于牢狱、桎梏、锒铛。牢狱有原赦，妻子情欲虽有虎口之祸，己犹甘心投焉，其罪无赦。

第二十二章

佛言：爱欲莫甚于色，色之为欲，其大无外。赖有一矣，假其二，普天之民，无能为道者。

第二十三章

佛言：爱欲之于人，犹执炬火，逆风而行，愚者不释炬，必有烧手之患。贪淫、恚怒、愚痴之毒，处在人身，不早以道除斯祸者，必有危殃。犹愚贪执炬，自烧其手也。

第二十四章

天神献玉女于佛,欲以试佛意,观佛道。佛言:革囊众秽,尔来何为?以可斯俗,难动六通。去!吾不用尔。天神逾敬佛,因问道意。佛为解释,即得须陁洹。

第二十五章

佛言:夫为道者,犹木在水,寻流而行,不左触岸,亦不右触岸,不为人所取,不为鬼神所遮,不为洄流所住,亦不腐败,吾保其入海矣。人为道,不为情欲所惑,不为众邪所诳,精进无疑,吾保其得道矣。

第二十六章

佛告沙门:慎无信汝意,意终不可信;慎无与色会,与色会即祸生。得阿罗汉道,乃可信汝意耳。

第二十七章

佛告诸沙门:慎无视女人,若见无视。慎无与言,若与言者,敕心正行,曰:吾为沙门,处于浊世,当如莲花,不为泥所污。老者以为母，长者以为姊，少者为妹，幼者子，敬之以礼。意殊当谛惟观：自头至足，自视内，彼身何有？唯盛恶露诸不净种，以释其意矣。

第二十八章

佛言：人为道去情欲，当如草见火，火来已却。道人见爱欲，必当远之。

第二十九章

佛言：人有患淫情不止，踞斧刃上，以自除其阴。佛谓之曰：若断阴，不如断心。心为功曹，若止功曹，从者都息。邪心不止，断阴何益？斯须即死？佛言：世俗倒见，如斯痴人。

第三十章

有淫童女与彼男誓。至期不来而自悔曰：欲吾知尔本，意以思想生；吾不思想尔，即尔而不生。

佛行道闻之，谓沙门曰：记之！此迦叶佛偈，流在俗间。

第三十一章

佛言：人从爱欲生忧，从忧生畏。无爱即无忧，不忧即无畏。

第三十二章

佛言：人为道，譬如一人与万人战，被钾、操兵、出门欲战，意怯胆弱乃自退走，或半道还，或格斗而死，或得大胜还国高迁。夫人能牢持其心，精锐进行，不惑于流俗狂愚之言者，欲灭恶尽，必得道矣。

第三十三章

有沙门夜诵经甚悲，意有悔疑，欲生思归。

佛呼沙门问之：汝处于家，将何修为？对曰：恒弹琴。

佛言：弦缓何如？曰：不鸣矣。

弦急何如？曰：声绝矣。

急缓得中何如？

诸音普悲。

佛告沙门：学道犹然，执心调适，道可得矣。

第三十四章

佛言：夫人为道，犹所锻铁渐深，弃去垢，成器必好。学道以渐深，去心垢，精进就道。暴即身疲，身疲即意恼，意恼即行退，行退即修罪。

第三十五章

佛言：人为道亦苦，不为道亦苦。惟人自生至老，自老至病，自病至死，其苦无量。心恼积罪，生死不息，其苦难说。

第三十六章

佛言：夫人离三恶道，得为人难。既得为人，去女即男难。既得为男，六情完具难。六情已具，生中国难。既处中国，值奉佛道难。既奉佛道，值有道之君难，生菩萨家难。既生菩萨家，以心信三尊、值佛世难。

第三十七章

佛问诸沙门：人命在几间？对曰：在数日间。佛言：子未能为道。

复问一沙门：人命在几间？对曰：在饭食间。佛言：子未能为道。

复问一沙门：人命在几间？对曰：呼吸之间。佛言：善哉！子可谓为道者矣。

第三十八章

佛言：弟子去，离吾数千里，意念吾戒，必得道。在吾左侧，意在邪，终不得道。其实在行，近而不行，何益万分耶！

第三十九章

佛言：人为道，犹若食蜜，中边皆甜。吾经亦尔，其义皆快，行者得道矣。

第四十章

佛言：人为道，能拔爱欲之根，譬如摘悬珠，一一摘之，会有尽时。恶尽，得道也。

第四十一章

佛言：诸沙门行道，当如牛负行深泥中，疲极不敢左右顾，趣欲离泥以自苏息。沙门视情欲，甚于彼泥，直心念道，可免众苦。

第四十二章

佛言：吾视诸侯之位如过客，视金玉之宝如砾石，视𦈢素之好如弊帛。

附录二 宋真宗注本《佛说四十二章经》

迦叶摩腾共竺法兰　奉诏　译

宋真宗皇帝　注

序分

尔时世尊既成道已，作是思惟：离欲寂静，是最为胜；住大禅定，降诸魔道。今转法轮，度众生于鹿野苑中。为憍陈如等五人，转四谛法轮而证道果。时复有比丘，所说诸疑，陈佛进止。世尊教诏，一一开悟，合掌敬诺，而顺尊敕。尔时世尊为说真经四十二章。

第一章

佛言：辞亲出家为道，识心达本，解无为法，名曰沙门。常行二百五十戒，为四真道行，进志清净，成阿罗汉。佛言：阿罗汉者，能飞行变化，住寿命，动天地。次为阿那含。阿那含者，寿终魂灵上十九天，于彼得阿罗汉。次为斯陀含。斯陀含者，一上一还，即得阿罗汉。次为须陀洹。须陀洹者，七死七生，便得阿罗汉。爱欲断者，譬如四支断，不复用之。

佛言：出家沙门者，断欲去爱，识自心源；达佛深理，悟佛无为；内无所得，外无所求；心不系道，亦不结业；无念无作，无修无证；不历诸位，而自崇最，名之为道。

第二章

佛言：剃除须发，而为沙门。受佛法者，去世资财，乞求取足。日中一食，树下一宿，慎不再矣！使人愚蔽者，爱与欲也。

第三章

佛言：众生以十事为善，亦以十事为恶。何者为十？身三、口四、意三。身三者：杀、盗、淫。口四者：两舌、恶骂、妄言、绮语。意三者：嫉、恚、痴。不信三尊，以邪为真。优婆塞行五事不懈退，至十事必得道也。

第四章

佛言：人有众过，而不自悔，顿止其心。罪来归身，犹水归海，自成深广，何能免离？有恶知非，改过得善，罪日消灭，后会得道也。

第五章

佛言：人愚以吾为不善，吾以四等慈护济之；重以恶来者，吾重以善往。福德之气，常在此也。害气重殃，反在于彼。

第六章

有愚人闻佛道守大仁慈，以恶来，以善往，故来骂佛。佛默然不答，愍之痴冥狂愚使然。

骂止，问曰：子以礼从人，其人不纳，实理如之乎？曰：持归。今子骂我，我亦不纳；子自持归，祸子身矣。犹响应声，影之追形，终无免离。慎为恶也。

第七章

佛言：恶人害贤者，犹仰天而唾；唾不污天，还污己身。逆风坌人，尘不污彼，还污于身。贤者不可毁，祸必灭己也。

第八章

佛言：夫人为道务博爱，博哀施，德莫大施。守志奉道，其福甚大；睹人施道，助之欢喜，亦得福报。

质曰：彼福不当减乎？

佛言：犹如炬火，数千百人各以炬来取其火去，熟食除冥，彼火如故。福亦如之。

第九章

佛言：饭凡夫人百，不如饭一善人。饭善人千，不如饭持五戒者一人。饭持五戒者万人，不如饭一须陀洹。饭须陀洹百万，不如饭一斯陀含。饭斯陀含千万，不如饭一阿那含。饭阿那含一亿，不如饭一阿罗汉。饭阿罗汉十亿，不如饭辟支佛一人。饭辟支佛百亿，不如饭一佛。学愿求佛，欲济众生也。饭善人，福最深重。凡人事天地鬼神，不如孝其二亲，二亲最神也。

第十章

佛言：天下有二十难。贫穷布施难，豪贵学道难，判命不死难，得睹佛经难，生值佛世难，忍色离欲难，见好不求难，有势不临难，被辱不瞋难，触事无心难，广学博究难，不轻未学难，除灭我慢难，会善知识难，见性学道难，对境不动难，善解方便难，随化度人难，心行平等难，不说是非难。

第十一章

有沙门问佛：以何缘得道？奈何知宿命？

佛言：道无形相，知之无益，要当守志行。譬如磨镜，垢去明存，即自见形；断欲守空，即见道真，知宿命矣。

第十二章

佛言：何者为善？惟行道善。何者最大？志与道合大。何者多力？忍辱最健。忍者无恶，必为人尊。何者最明？心垢除，恶行灭，内清净无瑕。未有天地，逮于今日；十方所有，未尝不见，得无不知、无不见、无不闻，得一切智，可谓明矣。

第十三章

佛言：人怀爱欲，不见道者，譬如浊水，以五彩投其中，致力搅之，众人共临水上，无能睹其影。爱欲交错，心中为浊，故不见道。若人渐解忏悔，来近知识，水澄秽除，清净无垢，即自见形。猛火著釜下，中水踊跃，以布覆上，众生照临，亦无睹其影者。心中本有三毒涌沸在内，五盖覆外，终不见道。恶心垢尽，乃知魂灵所从来，生死所趣向，诸佛国土道德所在耳。

第十四章

佛言：夫为道者，譬如持炬火，入冥室中，其冥即灭，而明犹存。学道见谛，愚痴都灭，无不明矣。

第十五章

佛言：吾何念念道？吾何行行道？吾何言言道？吾念谛道，不忘须臾也。

第十六章

佛言：睹天地，念非常；睹山川，念非常；睹万物形体丰炽，念非常。执心如此，得道疾矣。

第十七章

佛言：一日行常念道、行道，遂得信根，其福无量。

第十八章

佛言：熟自念身中四大，各自有名都为无。吾我者寄生，亦不久，其事如幻耳。

第十九章

佛言：人随情欲求花名，譬如烧香，众人闻其香，然香以薰自烧；愚者贪流俗之名誉，不守道真，华名危己之祸，其悔在后时。

第二十章

佛言：财色之于人，譬如小儿贪刀刃之蜜，甜不足一食之美，然有截舌之患也。

第二十一章

佛言：人系于妻子、宝宅之患，甚于牢狱、桎梏、榔档。牢狱有原赦，妻子情欲虽有虎口之祸，己犹甘心投焉，其罪无赦。

第二十二章

佛言：爱欲莫甚于色，色之为欲，其大无外。赖有一矣，假其二同，普天之民，无能为道者。

第二十三章

佛言：爱欲之于人，犹执炬火，逆风而行，愚者不释炬，必有烧手之患。贪淫、恚怒、愚痴之毒，处在人身，不早以道除斯祸者，必有危殃。犹愚贪执炬，自烧其手也。

第二十四章

时有天神献玉女于佛，欲以试佛意，观佛道。佛言：革囊众秽，尔来何为？以可诳俗，难动六通。去！吾不用尔。天神愈敬佛，因问道意。佛为解释，即得须陀洹。

第二十五章

佛言：夫为道者，犹木在水，寻流而行，不左触岸，亦不右触岸，不为人所取，不为鬼神所遮，不为洄流所住，亦不腐败。吾保其入海矣。人为道，不为情欲所惑，不为众邪所诳，精进无疑。吾保其得道矣。

第二十六章

佛告沙门：慎无信汝意，汝意终不可信；慎无与色会，色会即祸生。得阿罗汉道，乃可信汝意耳。

第二十七章

佛告诸沙门：慎无视女人，若见无见，慎无与言。若与言者，敕心正行，曰：吾为沙门，处于浊世，当如莲华，不为泥所污。老者以为母，长者以为姊，少者以为妹，幼者如子，敬之以礼，意殊当谛惟观：自头至足，自视内，彼身何有？唯盛恶露诸不净种，以释其意。

第二十八章

佛言：人为道去情欲，当如草见大火来已劫。道人见爱欲，必当远之。

第二十九章

佛言：人有患淫情不止，踞斧刃上，以自除其阴。佛谓之曰：若使断阴，不如断心。心为功曹，若止功曹，从者都息。邪心不止，断阴何益？斯须即死。佛言：世俗倒见，如斯痴人。

第三十章

有淫童女与彼男誓，至期不来而自悔曰：欲吾知尔本，意以思想生；吾不思想尔，即尔而不生。佛行道闻之，谓沙门曰：记之，此迦叶佛偈，流在俗间。

第三十一章

佛言：人从爱欲生忧，从忧生畏。无爱即无忧，不忧即无畏。

第三十二章

佛言：人为道，譬如一人与万人战，被甲、操兵、出门欲战，意怯胆弱，乃自退走，或半道还，或格斗而死，或得大胜，还国高迁。夫人能牢持其心，精锐进行，不惑于流俗狂愚之言者，欲灭恶尽，必得道矣。

第三十三章

有沙门夜诵经，其声悲紧，欲悔思返。

佛呼沙门问之：汝处于家，将何修为？对曰：常弹琴。

佛言：弦缓何如？曰：不鸣矣。

弦急何如？曰：声绝矣。

急缓得中何如？曰：诸音普调。

佛告沙门：学道犹然，执心调适，道可得矣。

第三十四章

佛言：夫人为道，犹所锻铁渐深，垂去垢，成器必好。学道以渐深，去心垢，精进就道。异即身疲，身疲即意恼，意恼即行退，行退即修罪。

第三十五章

佛言：人为道亦苦，不为道亦苦。惟人自生至老，自老至病，自病至死，其苦无量。心恼积罪，生死不息，其苦难说。

第三十六章

佛言：夫人离三恶道，得为人难。既得为人，去女即男难。既得为男，六情完具难。六情已具，生中国难。既处中国，值奉佛道难。既奉佛道，值有道之君难。既值有道之君，生菩萨家难。既生菩萨家，以心信三尊，值佛世难。

第三十七章

佛问诸沙门：人命在几间？对曰：在数日间。佛言：子未能为道。

复问一沙门：人命在几间？对曰：在饭食间。

去！子未能为道。

复问一沙门：人命在几间？对曰：呼吸之间。佛言：善哉！子可谓为道者矣。

第三十八章

佛言：弟子去，离吾数千里，意念吾戒，必得道。若在吾侧，意在邪，终不得道。其实在行，近而不行，何益万分耶！

第三十九章

佛言：人为道，犹若食蜜，中边皆甜。吾经亦尔，其义皆快，行者得道矣。

第四十章

佛言：人为道，能拔爱欲之根，譬如摘悬珠，一一摘之，会有尽时，恶尽得道也。

第四十一章

佛言：诸沙门行道，当如牛负行深泥中，疲极不敢左右顾，趣欲离泥以自苏息。沙门视情欲，甚于彼泥，直心念道，可免众苦。

第四十二章

佛言：吾视王侯之位如尘隙，视金玉之宝如瓦砾，视纨素之服如弊帛，视大千世界如一诃子，视四耨水如涂足油，视方便如筏宝聚，视无上乘如梦金帛，视求佛道如眼前华，视求禅定如须弥柱，视求涅槃如昼夜寤，视倒正者如六龙舞，视平等者如一真地，视兴化者如四时木。

流通分

诸大比丘闻佛所说，欢喜奉行。

参考文献

[后汉] 迦叶摩腾共竺法兰译：《四十二章经》，《大正藏》，第十七册，新文丰出版公司，1983年。

[后汉] 迦叶摩腾共法兰译：《四十二章经》，《高丽大藏经》，第二十册，新文丰出版公司，1982年。

[后汉] 迦叶摩腾共法兰译：《四十二章经》，《宋版碛砂大藏经》，第十九册，新文丰出版公司，2010年。

[南朝梁] 僧祐：《出三藏记集》，《大正藏》，第五十五册，新文丰出版公司，1983年。

[南朝梁] 慧皎：《高僧传》，《大正藏》，第五十册，新文丰出版公司，1983年。

[隋] 费长房：《历代三宝纪》，《大正藏》，第四十九册，新文丰出版公司，1983年。

[唐] 智昇：《开元释教录》，《大正藏》，第五十五册，新文丰出版公司，1983年。

[宋] 真宗注：《佛说四十二章经》，《卍续藏》，第五十九册，新文丰出版公司，1983年。

[宋] 真宗：《注四十二章经》，《大正藏》，第三十九册，新文丰出版公司，1983年。

[宋]守遂注,[明]古灵了童补注:《佛说四十二章经注》,《卍续藏》,第三十七册,新文丰出版公司,1983年。

汤用彤:《汉魏两晋南北朝佛教史》,商务印书馆,2015年。

吕澂:《中国佛学源流略讲》,中华书局,1979年。

《佛光大辞典》编修委员会:《佛光大辞典》,佛光出版社,1995年。

洪修平:《中国佛教文化历程》,江苏教育出版社,2005年。

后记

2021年10月，受国家留学基金委（CSC）资助，我赴德国哥廷根大学（University of Göttingen）现代东亚研究中心（CeMEAS）做访问学者。在访学期间我接到刘晓编辑的电话，中州古籍出版社计划出版一套"国学经典典藏版系列丛书"，希望我能承担《四十二章经》和《圆觉经》的注译工作。能忝列其中并参与这套经典丛书的工作，我感到非常荣幸。《四十二章经》是我在南京大学开设的"中外哲学经典导读"课程"佛学部分"学生必读文献之一，加之多年前我曾注译过《金刚经·心经·坛经》。于是，怀着对经典的敬畏和对学术的虔诚，我毫不犹豫地接受了这项任务。

在德期间，正逢新冠肆虐，哥廷根大学的正常教学活动虽改到了线上，但现代东亚研究中心学术活动依然密集，几乎每周我都会参加一两场线上讲座和小型研讨。除了参加中心的学术活动，其他时间我可以自由安排我的科研工作，这使我能集中精力搜集整理各版本的原典和研读历代注本。哥廷根大学图书馆作为下萨克森州州立图书馆藏书量巨大，现代东亚研究中心图书馆的资料也相当可观，加上各种电子数据库的丰富资源，我很快完成了基础文献的搜集并开始推进注译工作。本书注译工作结束的时候，访学也进入尾声。从这个角度说，这本书也成为我在德期间的一个见证。相信日后每当翻起这本书，在异国他乡的点点滴滴就会涌上心头。

  本书的顺利出版首先要感谢中州古籍出版社领导和诸位同仁的信任和大力支持。在本书注译和出版过程中，得到了刘晓编辑的热情指导和无私帮助。刘晓编辑治学严谨，对中华优秀传统文化怀有深厚的感情，这使我在写作过程中不敢有丝毫的懈怠。

  感谢访学期间 Axel Schneider 教授、Katja Pessl 老师、樊英杰教授、彭沁沁博士等诸位师友的关心。感谢王明远和壮壮等留学生的陪伴。在图书馆埋头写作和篮球馆挥汗如雨的时光是我宝贵的人生记忆。

  近日，欣闻本书即将付梓，刘晓编辑嘱我增补后记。谨以寥寥数语表达感激之情并以此作为激励自己在科研道路上不断前行的坐标。

胡永辉

2024 年 4 月 15 日